U0137369

把功勋写在大地

袁隆平画传

国家杂交水稻工程技术研究中心　隆平水稻博物馆　编著

CnS 湖南文艺出版社
HUNAN LITERATURE AND ART PUBLISHING HOUSE

图书在版编目（CIP）数据

把功勋写在大地：袁隆平画传 / 国家杂交水稻工程技术研究中心，隆平水稻博物馆编著 .-- 长沙：湖南文艺出版社，2022.4

ISBN 978-7-5726-0272-6

Ⅰ . ①把… Ⅱ . ①隆… ②湖… Ⅲ . ①袁隆平（1930-2021）- 传记 - 画册 Ⅳ . ① K826.3-64

中国版本图书馆 CIP 数据核字 (2022) 第 016203 号

把功勋写在大地——袁隆平画传

BA GONGXUN XIEZAI DADI—— YUANLONGPING HUAZHUAN

出 版 人：曾赛丰

著　　者：国家杂交水稻工程技术研究中心　隆平水稻博物馆

责任编辑：唐　明　耿会芬　袁甲平　陈志宏

整体设计：格局创界　Gervision

出版发行：湖南文艺出版社

（长沙市雨花区东二环一段 508 号 邮编：410014）

制版印刷：湖南天闻新华印务有限公司

经　　销：湖南省新华书店

开　　本：1/16

印　　张：12

版　　次：2022 年 4 月第 1 版

印　　次：2022 年 4 月第 1 次印刷

书　　号：ISBN 978-7-5726-0272-6

定　　价：88.00 元

把功勋写在大地
袁隆平画传

本书编委会成员：

齐绍武　张德咏　孙中华　王精敏

历史照片提供：

袁隆平家庭相薄　西南大学　南京师范大学附中　安江农校　北京协和医院

本书图片来源（部分）：

湖南日报社　潇湘晨报社　新华社湖南分社　视觉中国

摄影（部分图片）：

王精敏　林承先　王建平　文长庚　陈　正　吴琳红　邹　铮　等

我有两个梦：第一个是禾下乘凉梦，我梦见超级杂交稻长得比高粱还高，穗子有扫帚那么长，籽粒有花生米那样大，我很高兴，我跟我的同事、助手们就坐在瀑布般的稻穗下乘凉；第二个是杂交水稻覆盖全球梦。

——袁隆平

前言 preface

袁隆平是"共和国勋章"获得者，中国研究与发展杂交水稻的开创者和带头人，"杂交水稻之父"，中国工程院院士。他一生致力于杂交水稻科技创新，追求"禾下乘凉梦"和"杂交水稻覆盖全球梦"，把"发展杂交水稻，造福世界人民"作为毕生追求的事业，为我国粮食安全、农业科技创新、世界粮食发展作出了重大贡献。

袁隆平的贡献，是中国科学家对人类、对世界的贡献。袁隆平，是一位杰出的、有中国风骨的世界级大科学家！

袁隆平的形象，充分诠释了中国科学家不懈奋斗、追求创新的科研精神，深刻展示了中国科学家造福全世界的博大情怀。袁隆平的形象，在中国站起来、富起来到强起来的民族发展大背景中，具有强大的民族凝聚力和精神感召力。袁隆平一生躬耕田野，淡泊名利，矢志不渝，朴实无华，他像一粒饱满的稻种一样，活得真实、健康而快乐。工作中，他是誉满全球的"杂交水稻之父"、万人景仰的无双国士；生活中，他是游泳健将、小提琴手、童心未泯的老顽童、亲切可爱的袁爷爷……我们策划这本书，从大量的图片中精心挑选进300余张，生动直观地再现了袁隆平平凡而又伟大的一生。

用画传展示一生的历程，是袁老生前不曾有过的出版新形式。《把功勋写在大地——袁隆平画传》的策划、组织和编写，得到了袁隆平院士夫人邓则老师及其他家属的大力支持，凝聚了国家杂交水稻工程技术研究中心、隆平水稻博物馆和湖南文艺出版社的工作人员的集体智慧，也汇集了新华社、湖南日报、潇湘晨报、红网等媒体单位的热忱支持。我们衷心感谢为《把功勋写在大地——袁隆平画传》的出版提供过支持和帮助的每一个人，你们的每一份努力，也都写在本书的书页里。

湖南文艺出版社

2022 年 4 月

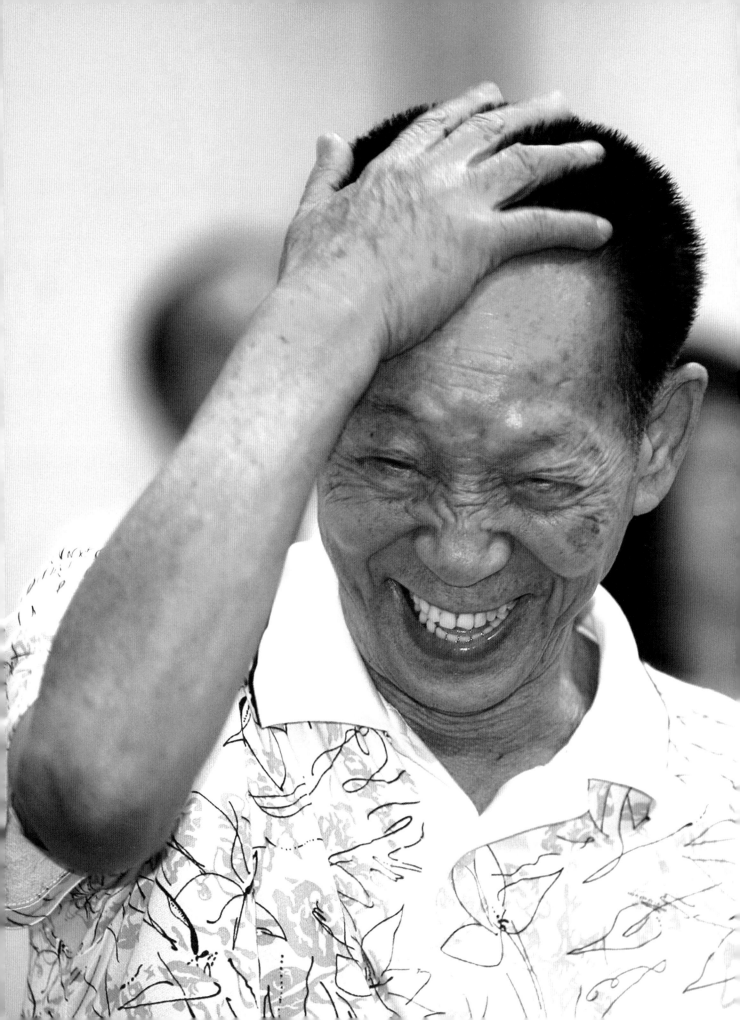

目　录

第一章

曾叫『袁小孩』

我童心未泯，不喜欢古板，不喜欢一本正经。

　　袁隆平出生于北平协和医院，登记名为"袁小孩"，出生证记"袁小孩"，住"旧刑部街长安公寓"，体重3680克，身长51.4厘米。

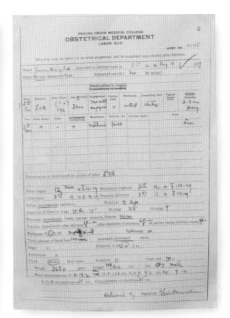

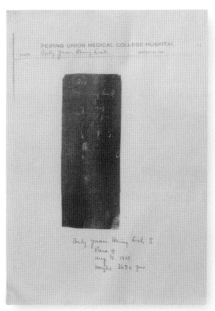

生于国家内忧外患之际，80 岁以前，袁隆平始终不知道自己准确的出生日期，把 9 月 7 日当作生日。直到协和医院的袁隆平出生档案被重新发现，他才确认了自己出生于 1929 年 8 月 13 日，农历己巳蛇年七月初九，接生医生是大名鼎鼎的林巧稚。

协和医院

林巧稚是协和医院的妇产科主任，中国现代妇产科学的奠基人之一。她一生接生了 5 万多名婴儿，有"万婴之母"之誉。

林巧稚

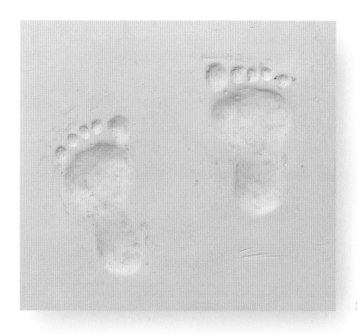

袁隆平的小脚印模型

袁隆平父母照

袁隆平的父亲袁兴烈毕业于东南大学，曾担任德安县高等小学的校长和督学，后供职于平汉铁路局；母亲华静是一位知识女性，知书达理、贤惠慈爱。

袁隆平（前排右一）和家人在河南商城鸡公山避暑，摄于 1936 年夏

在母亲华静怀抱的1岁的袁隆平和大哥袁隆津合影

袁隆平的母亲是他的英语启蒙老师，也给他讲尼采，讲
这位伟大哲学家昂扬的生命力和意志力。母亲去世后，
袁隆平在《稻子熟了，妈妈我想您了》中写道："妈妈，
每当我的研究取得成果，每当我在国际讲坛上谈笑风生，
每当我接过一座又一座奖杯，我总是对人说，这辈子对
我影响最深的人就是妈妈您啊！"

袁隆津

袁隆平

袁隆平排行老二，"隆"字辈，生于北平，取名"隆平"，小名二毛。除小妹蕙芳外，他还有四位兄弟：老大隆津，出生于天津；老三隆赣，出生于江西；老四隆德，出生于老家江西德安；老五隆湘，出生于湖南桃源。当时正值抗日战争时期，袁隆平兄弟的名字反映出他们随父母辗转迁徙的历程。

袁隆赣

袁隆德

袁隆湘

袁隆平兄弟合影

重庆博学中学的钟楼

南京中央大学附属中学

　　在颠沛流离中，袁隆平就读过三个小学，先是湖北汉口的扶轮小学，然后是湖南澧县弘毅小学，再是重庆的龙门浩中心小学。小学毕业后，他又先后进入重庆复兴初级中学、赣江中学、博学中学、南京中央大学附中学习。

袁隆平读中学的时候,早晨起床后要在操场集合做早操。训育主任胡必达老师总是起床铃一响,就拿着一根竹片,敲打那些还在睡觉的学生的铺盖。一天早上,袁隆平和班上几个顽皮的同学把几个枕头包在铺盖里,假装成一个人,捉弄胡老师。胡老师走进来,用力敲那铺盖,但没有反应,掀开一看,才知道上了当,引得其他老师和学生哄堂大笑。

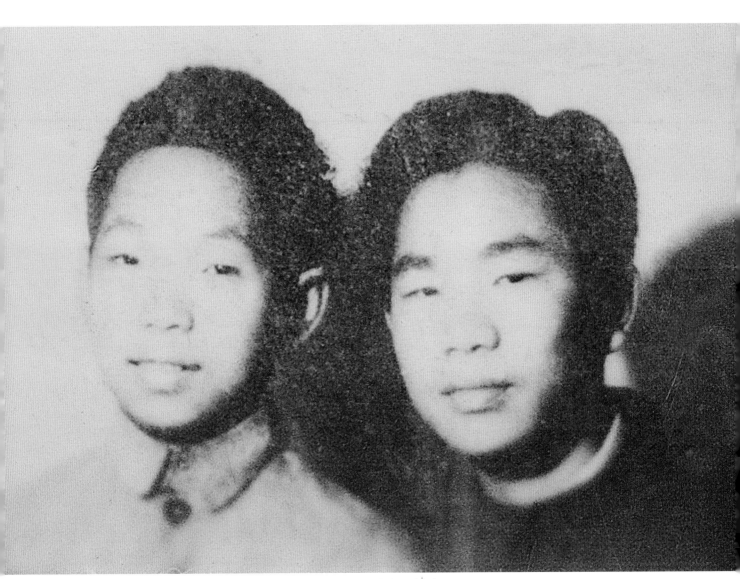

少年时代的袁隆平(左)

1949 年，袁隆平该上大学了。学什么呢？他选择
到重庆相辉学院（1950 年并入西南农学院）学农，
专业为遗传育种。

西南农学院

袁隆平回忆说："小学一年级的时候，老师带我们去郊游，参观一个园艺场。到那里一看，花好多，各式各样的，非常美，在地上像毯子一样。那个红红的桃子结得满满的，挂在树上，葡萄一串一串，水灵灵的。"

《摩登时代》电影剧照

"当时，卓别林的电影《摩登时代》也起到推波助澜的作用。其中有一个镜头，窗子外面就是水果，伸手摘来就吃；要喝牛奶，奶牛走过来，接一杯就喝，十分美好。两者印象叠加起来，心中就特别向往那种田园之美、农艺之乐。从那时起，我就想长大以后一定要学农。"

其实，除了向往田园之美，袁隆平还有更大的雄心壮志，那就是要发展农业，改造农村，改变农村贫困落后的面貌。他感到自己肩上应该有担子，应该立志做一番事业，为中国人争一口气。

大学时代的袁隆平（1952 年）

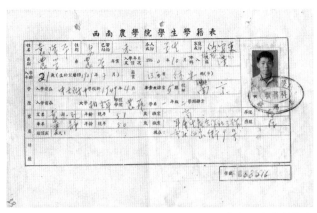

袁隆平大学学籍表

袁隆平大学期间，正值抗美援朝战争。1952年，他参加了空军飞行员考试，进入了空军预备班。学校举行了建军节晚会，欢送即将参军的同学。谁知晚会过后，大学生被退回来了。因为当时朝鲜战争已经缓和，国家要开始第一个五年计划建设了。袁隆平说起这段插曲，哈哈大笑，打趣说："他们欢送了我们，我们又被退了回来。不好意思，我们又回来了！"

准备当空军的袁隆平（后排左四）

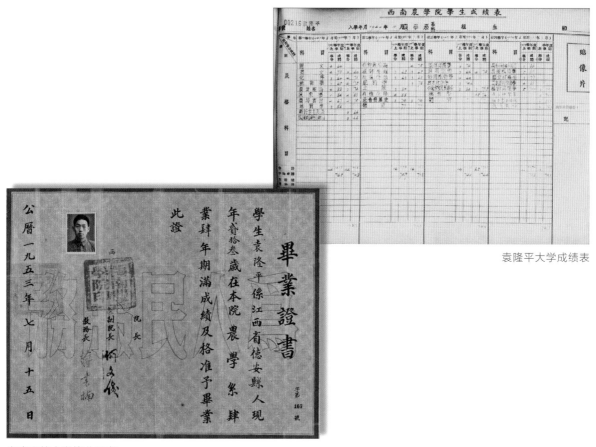

袁隆平大学成绩表

袁隆平的大学毕业证书

1953年，袁隆平从西南农学院毕业。他凭兴趣学习，喜欢地理、外文、化学，考试就得高分，不喜欢数学，只求及格就行。直到晚年说起数学，袁隆平依然挠头："那时没有计算器，都用笔算或者算盘打，讨厌死了，都是些数字。"

毕业后，袁隆平被分配到湖南怀化的安江农校任教，一干就是 18 年。

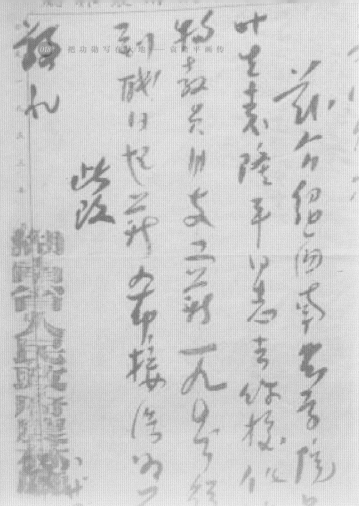

湖南省农林厅给袁隆平去安江农校开具的介绍信

安江农校

袁隆平初到安江农校的时候,学校正好缺俄语教师。袁隆平在大学学过俄语,教初级俄语没问题,学校就安排他教俄语。他会唱《喀秋莎》,能发大舌颤音"P"。一学期以后,学校又把他调到了遗传学专业课程教研室,同时还担任农学班班主任。

1957 年,袁隆平与班长、团支部书记、学习委员合影

1957 年 6 月，班主任袁隆平与毕业班同学合影

袁隆平在安江农校的办公室（复原场景）

袁隆平当了一辈子老师，像培育禾苗一样栽培学生。虽然后来当了博导，评了院士，成了专家，他也只喜欢"袁老师"这一个称呼。

袁隆平与学生李必湖在试验田

袁隆平与助手在实验室用放大镜观察水稻

袁隆平在田间给农民授课

袁隆平和助手罗孝和等在田间观察杂交水稻长势

袁隆平说："我培养研究生、博士生的第一个条件：你要下田。你怕下田，怕吃苦，我就不接收你。电脑里面、书本里面种不出水稻来的。"

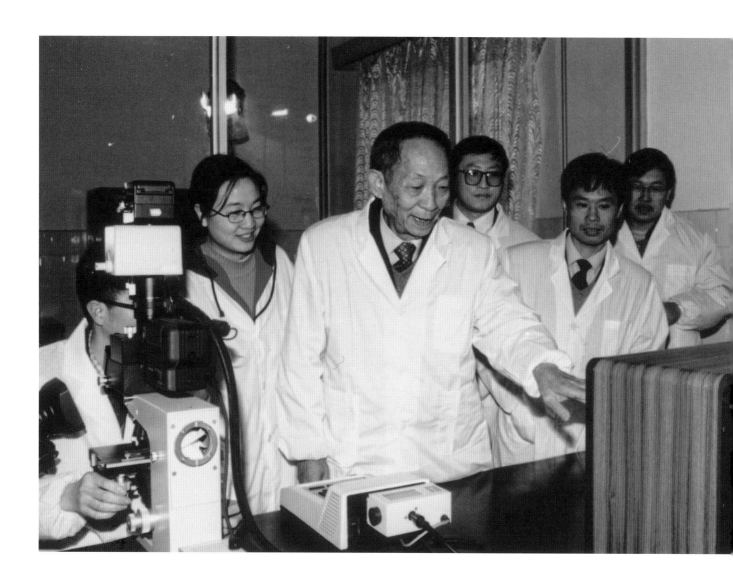

袁隆平和学生在一起

湖南农业大学开学典礼，袁隆平和学校师生合唱《我和我的祖国》

袁隆平与湖南大学学生在一起

袁隆平说:"人才培养要把眼光放长远点。优秀人才的成长需要广阔的自由天地,让他们都窝到我的手下,受着我个人的思想束缚,怎么超越和发展呢?"

在生活方面，终其一生，袁隆平都是一位体育爱好者。除了游泳技术一流，他还热爱打排球、踢足球等。而运动也给了袁隆平强健的体魄，支撑他走过六十余年的科研生涯。

袁隆平（前排左一）作为博学中学高中游泳比赛选手参加湖北省运动会

袁隆平（前排左一）大学时与同学到重庆北温泉游泳

1951 年与大学同学摄于重庆北温泉，左起为袁隆平、陈云铎、梁元冈

袁隆平说："要成才，第一要素，也是最基本的要素，是
身体要好。身体不健康，心有余力不足，无论你搞什么研
究都支撑不下来。我现在还在第一线，只要田里有稻子，
我每天都要下田的。身体不好，怎么行？"

袁隆平喜欢古典小提琴，也喜欢唱歌。他的声音较低而且共鸣很好，曾经还是大学合唱团的成员，同学都叫他"大 Bass（贝斯）"。

袁隆平说："一个人活这一辈子，心态要好，要乐观一点，开朗一点，豁达一点，这很重要。工作要扎实能吃苦，但弦不能绷得太紧，要有张有弛。不会休息的人就不会工作，不会锻炼的人也不会工作。"

跳踢踏舞

为了水稻研究事业，袁隆平经常不在家。幸好，
他有一个贤内助邓则，让他彻底没有了后顾之忧。

袁隆平与夫人邓则的第一张婚纱照

袁隆平的妻子邓则是他的学生。邓则1959
年从安江农校毕业后，被分配到黔阳县农业
局两路口农技站，从事农业技术推广工作。
结婚以后，袁隆平和妻子过上了牛郎织女的
生活。直到1975年，邓则才调到安江农校。

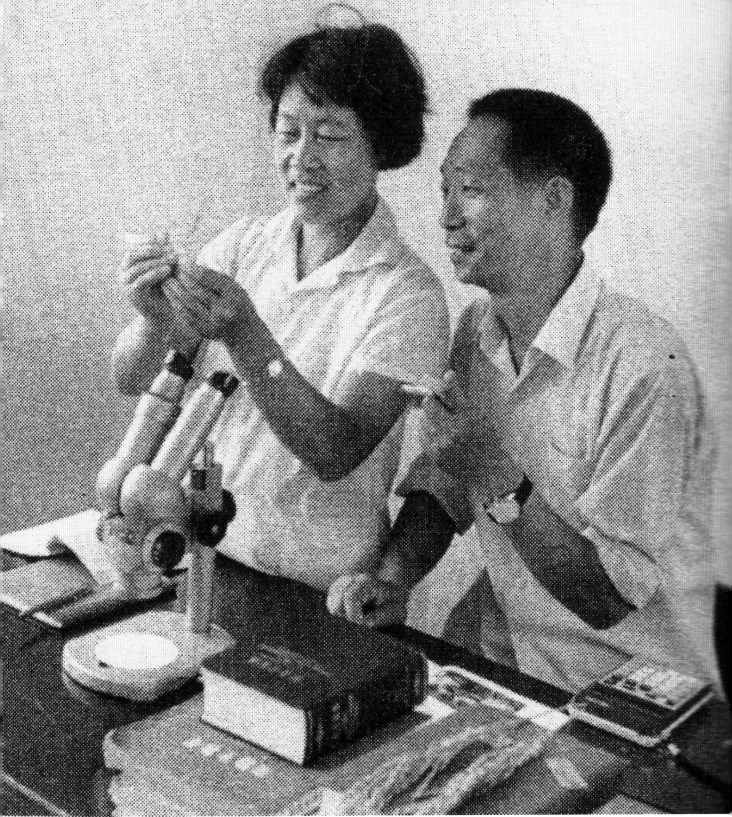

袁隆平与夫人邓则在实验室

有一次，袁隆平托人从北京捎礼物给邓则，附信："在京给你买了两条裙子和一件汗衫，两黑一深蓝。这是我第一次买裙子，不知什么号码适合你穿，只好买两条供你选择。"

2019 年 9 月，获共和国勋章后，
袁隆平与夫人在家中合影留念

袁隆平和邓则育有三个儿子，小名依次为五一、五二、五三，大名按照辈分取为定安、定江、定阳。袁隆平给儿子取名的方式延续了祖辈父辈的传统，也寄寓了他对安江、黔阳的无限深情。

袁隆平全家福，后排左起：甘泉、袁定江、袁定安、陈思宇、袁定阳、段美娟。前排左起：袁有晴、邓则、袁有明、袁隆平、袁有清

袁隆平生活简朴，他认为："有了钱，要用在正当处，既
不能挥霍浪费，也不要吝啬小气。我喜欢朴素的生活。"

　　袁隆平说："我觉得，人就像一粒种子。要做一粒好种子，身体、精神、情感都要健康。种子健康了，我们每个人的事业才能根深叶茂，枝粗果硕。作为一个科研工作者，尤其如此，不仅要知识多，而且要人品好，不仅要出科技成果，而且要弘扬科学精神。"

2010 年 3 月 3 日，北京，时任全国政协委员的袁隆平出席全国两会，他的出现引起了在场的记者"追星"。

第二章

追太阳的人

我们是在与时间赛跑，一年当两三年用，像候鸟一样追赶着太阳走，也因此连续七个春节没有回家，都是在外面度过的。

1961 年 7 月，袁隆平在安江农校实验田中偶然发现了一株天然杂交稻，也由此开始他半个多世纪的杂交水稻追梦历程。但那时，他还没有意识到这是一个历史性时刻，只以为自己找到了一个好品种！他精心培育这株水稻，到成熟时，小心翼翼地把种子收下来，强烈地期待第二年春天的到来。

鹤立鸡群的稻株

根系比较

稻穗比较

第二年春天，袁隆平满怀希望地播下种子。结果大失所望，禾苗抽穗早的早，晚的晚，高的高，矮的矮，没一株有它们"老子"的架势！失望之余，他突然来了灵感：这是不是就是孟德尔、摩尔根遗传学所说的分离现象？

袁隆平在自学

袁隆平说："机会成就有心人，偶然的东西带给我们的可能就是灵感和机遇，所以我们说偶然性是科学的朋友。科学家的任务，就是要透过偶然性的表面现象，找出隐藏在其背后的必然性。"他观察了 14 万多株稻穗后，终于从洞庭早籼品种中找到了一棵雌蕊正常、雄蕊退化的稻株。

大垅试验田

大垅试验田
Dalong experimental field

这里是袁隆平老师当年发现天然不育株、从事杂交水稻研究的地方。至今仍做杂交水稻研究之用。

It was the place where Yuan Longping found the sterile plant and did research on hybrid rice. Now it is still used for relevant research.

袁隆平和助手在实验室观察稻株

安江农校盆钵试验地

1965年秋，历经两年的盆栽试验显示，天然雄性不育株的人工杂交结实率可高达80%甚至90%以上。后雄性不育秧苗经反复繁殖，达到数百株。

1967年袁隆平在试验田带学生

1965 年 10 月，袁隆平把初步研究结果整理撰写成论文《水稻雄性不孕性的发现》。1966 年 2 月，这篇论文（被编者改名为《水稻的雄性不孕性》）刊登在《科学通报》中文版第 17 卷第 4 期及英文版第 7 期上。

《水稻雄性不孕性的发现》手稿

到较高的病毒分离率。本实验说明，用3种细胞培养从阳性标本分离病毒时没有1种能得到全部阳性结果。猴肾细胞对分离灰质炎病毒比人胎肾和人胎肺细胞易，而对分离某些非灰质炎病毒则不如人胎肾和人胎肺细胞敏感。

本实验结果表明，人胎肾和人胎肺细胞对现有的大多数型别的肠道病毒，无论原型株或对病毒株都有较为普遍的易感性，但型别范围稍有不同。所以，在多种型别肠道病毒的研究中，除了可以应用人胎肾细胞培养来代替猴肾细胞培养外，还可以用人胎肺细胞培养。

参考文献
[1] Lehmann-Grube, F., Arch. Virusforsch., 2, 139 (1961).
[2] 丘耀煊、曹恺荣、张广宏、张晁光，中华医学杂志，49, 503 (1963).
[3] Hsiung, G. D., Proc. Soc. Exp. Biol. Med., 102, 612 (1959).
[4] Podoplekin, V. D. and Idina, M. S., Acta Virol., 7, 233 (1963).

农学

水稻的雄性不孕性

袁隆平

水稻具有杂种优势现象，尤以籼粳杂种更为突出[1]，但因人工杂制种困难，到现在为止尚未能利用。显然，要想利用水稻的杂种优势，首先必须解决大量生产杂种的制种技术。从晚近作物杂种优势育种的研究趋势与实际成果来看，解决这个问题的有效途径，首推利用雄性不孕性。

为了获得水稻的雄性不孕材料，我们最近几年在水稻大田里进行了逐穗检查工作，观察到一些雄性不育植株，现将初步观察结果，报导如下：

方法和经过

水稻雄性不育植株，是在1964—1965年在湖南省安江农校实习农场及附近生产队的水稻大田中检查出来的。已知花药不开裂是许多作物的雄性不孕性在外表上的共同特征之一，因此就根据这个特征按图索骥，于抽穗期间每日中午前后，在田间进行逐穴逐穗检查，并将注意力集中到正在开花和刚开过花的稻穗花药上。正常稻株的颖壳，张开花时，花药膨松，颜色鲜黄，用手轻摸便有大量花粉散出；开花后不久，花药卻已裂开，药囊空虚，呈白色薄膜状挂在花丝上。在检查中，发现有开花后花药不开裂、振动亦不散粉的稻穗，再用15倍放大镜进一步观察，确定为花药不开裂的，就视作雄性不孕植株，加以标记。2—3日内复查几次，凡采集

185

《科学通报》1966 年第 17 卷第 4 期

KEXUE TONGBAO　　VOLUME 17, NUMBER 7　　15 APRIL 1966

BOTANY

A PRELIMINARY REPORT ON MALE STERILITY IN RICE, Oryza sativa L.

L. P. YUAN (袁隆平)

Ankiang Agricultural School, Hunan

(Received 8 November 1965)

Through panicle to panicle inspection at heading stage, six male-sterile rice plants were found in the paddy fields where several varieties were grown from 1964 to 1965 in Hunan Province. The frequency of occurrence of such male-sterile rice plants under natural conditions was estimated to be 0.13 per cent. According to the characteristics of their anthers and pollen grains, these male-sterile plants can be distinguished into three different types:

(1) *Pollen-free type.* Two plants of this type were found to be completely male-sterile. Their anthers are smaller and thinner than those of the normal plant as shown in Fig. 1. They are colourless, remain unbroken after flowering, and contain no pollen grains.

Fig. 1. Rice anthers 2 hr after flowering.
Left: normal panicle;
Right: male-sterile panicle (pollen-free type).

(2) *Pollen abortive type.* Two plants of this kind were found to be completely male-sterile. Their pale-yellow anthers, smaller than normal ones, fail to dehisce after flowering, but contain poorly developed pollen grains. These pollen grains are not only smaller in size, but also irregular in form. They show no blue colour reaction when treated with KI solution.

(3) *Partially male-sterile type.* Of this type two plants were found. On one plant the anthers in most of the florets fail to dehisce after flowering, but all the anthers contain normal pollen grains. On the other plant the anthers in most of the florets contain poorly developed pollen grains, and remain unbroken after flowering.

No significant difference was found between the above-mentioned male-sterile plants and their normal check plants in respect of other morphological characters including the pistil. The seeds produced by the pollen-free male-sterile plants through artificial crosses, have not been sown so far. The panicles arising from the stubbles of these plants remain to be completely male-sterile.

The two original, partially male-sterile plants produced partially male-sterile progenies and male-fertile progenies.

Completely male-sterile, partially male-sterile, and male-fertile plants were obtained from the progenies of the two pollen-abortive male-sterile plants through open pollination. The F1 completely male-sterile plants were crossed artificially with fifteen varieties, the average rate of seed setting being 74.1 per cent. Three crosses had a higher rate of seed setting above 90 per cent. This indicates that the pistils of these male-sterile plants function as usual. Preliminary data suggest that the male sterility from this source might be used for breeding male-sterile lines.

322

《科学通报》（英文版）1966 年第 7 期

论文发表后，袁隆平的水稻雄性不育研究受到了国家的高度重视，他被任命为杂交水稻科研工作组的技术参谋。湖南省农业厅和省科委对袁隆平的项目给予了政策和经费的资助。

湖南省科学技术委员会

（68）湘科政学第022号

最 高 指 示

鼓足干劲，力争上游，自力更生，奋发图强，树雄心，立
壮志，赶超世界先进科学技术水平。

关于下拨水稻雄性不孕利用试验补助费的通知

安江农校：

现拨给你校水稻雄性不孕利用试验补助费500元，请按
超节约的方针专款专用。

一九六八年五月十六日

主送：各农业厅、农科院、黔阳地科委、专区农业局、农科所

湖南省科学技术委员会

扩大研究等有关问题。

希望你们列入你校科研计划，给
以领导和支持。

最 高 指 示

在生产斗争和科学实验范围内，人类总是不断发展的，自然界
也总是不断发展的，永远不会停止在一个水平上。因此，人类总得
不断地总结经验，有所发现，有所发明，有所创造，有所前进。

《毛主席语录176页》

请继续安排"水稻的雄性不孕性"的研究

安江农校：

科学通报第17卷第4期载有你校袁隆平等同志所写的"水稻
的雄性不孕性"一文，我们认为这项工作意义很大。在国内还是首
次发现，估计将是省育水稻杂交优势种的一个很好途径。如果能够
成功，将对水稻大幅度增产起很大作用。国家科委九局曾于去年给
委农业厅通及有关情况，并责成我们予以支持，我委曾於今年二月
派智和派员去你校了解研究项目的有关情况，现与你校革命造反组织

黔阳地科委、黔阳专区农业局、农科

—1—

袁隆平的水稻雄性不育科研小组成立了。

袁隆平的三人科研小组在试验田中（左为李必湖，右为尹华奇）

1964 年，袁隆平全身心地投入到选育雄性不育系的试验以后，尹华奇和李必湖怀着强烈的求知欲望，主动找到袁隆平，希望跟他一起搞研究。因此，筹划科研小组时，袁隆平向湖南省农业厅提出请求，尹华奇和李必湖成了他第一批助手。

袁隆平和李必湖

科学研究的道路从来不是一帆风顺的。1968 年 5 月 18 日夜间，在一场大雨中，袁隆平培育的雄性不育秧苗全部被拔光了。四年的心血差点付诸东流！痛心的袁隆平在一口水井中发现了浮起的水稻秧苗，他毫不犹豫地跳进井里，捞起了五株。万幸的是，这五株秧苗成活了下来，研究材料总算没有"断后"。

1968 年 5 月 18 日毁苗案发现场

1969 年，袁隆平研究小组在云南省元江县加速繁殖不育材料

袁隆平说："只要是大方向是对的，不是死胡同，你只要坚持下去，就会达到光明的彼岸的。"1964 年之后的 6 年间，袁隆平科研小组用近千个品种做了3000 多个杂交组合试验，成果并不理想。苦苦思索后，他决定，转换思路，改变方向，从亲缘关系较远的野生稻身上寻找突破口！从 1968 年起，袁隆平带领着他的研究团队，与时间赛跑，像候鸟一样追赶着太阳走。袁隆平一年当两三年用，甚至连续七个春节没有回家。

袁隆平与助手在云南元江农技站田间合影

1971年袁隆平在南红农场试验田中

1970 年 11 月 23 日，李必湖和海南驻地农场技术员冯克珊发现了一株长着三个异常稻穗的水稻。当时袁隆平正在北京学习，接到李必湖的电报后，他火速赶回三亚。通过镜检，袁隆平确认那的确是一株花粉败育的野生稻，并把它命名为"野败"。

李必湖在海南寻觅几近绝迹的野生水稻群落

"野败"发现地,南红农场铁路桥下

"野败"

1970 年冬，为加快杂交水稻研究，湖南省决定成立"湖南省杂交水稻研究"项目和科研协作组。研究领导小组由省委常委挂帅，加强领导，从政治思想、人力物力上给予有力保障。袁隆平从安江农校调到了省农科院的水稻研究所，负责协作组的技术工作。

1971 年袁隆平在协作组会议上发言

袁隆平与李必湖（左一）等人在田间观察

袁隆平与助手们在田间进行杂交试验

大量杂交试验

1972 年，杂交水稻被列入国家重点科研项目。同年 12 月，在中国农林科学院主持下，第一次全国杂交水稻科研协作会议在长沙召开。1975 年，在第十次全国杂交水稻科研协作会议上，正式组成了由中国农科院和湖南农科院负责的"全国杂交水稻研究协作组"，袁隆平担任技术总顾问。

全国杂交水稻研究协作组成员合影

1974 年海南岛鹿回头南繁现场经验交流会与会人员合影

一九七七年全国杂交水稻科学研究协作项目表

1977·3·

编号	项目名称	简要说明	研究课题	项目目的	期限
一、	"三系"选育	籼型杂交水稻，目前各个组合，显优势明显，但生育期偏长。在长江流域不能作双季早稻栽培，在华南地区作早稻栽培也嫌偏长。此外，抗白叶枯病、抗稻瘟病力较强，抽穗期间结实率易受高低温的影响。粳型杂交水稻，各地虽先后获得"三系"配套，但组合还少，抗性不强，还没有在大面积生产上经过考验。必须抓好试验示范，进一步选育优势强、抗病、适合不同熟期需要的新组合。	1. 籼型"早、抗、丰"组合的选育。 2. 粳型"早、抗、丰"组合的选育。 3. 籼粳交"早、抗、丰"组合的选育。 4. 新质源"三系"的选育。 5. "两系"法选优组合的选育和提高不育稳定性的研究。	1. 选育适合作双季早稻栽培、比同熟期的当家常规品种增产20%以上、抗逆性强的籼型组合。中、晚稻籼型组合，要求抗性强、耐高、低温，熟期适合，产量高于现有的组合。 2. 粳型杂交水稻要求抗稻瘟病、白叶枯病，适合粳稻地区栽培，比推广常规品种增产20%以上的组合。 3. 选出比籼粳型杂交稻产量更高、抗性更强的籼粳组合。 4. 选出具有新特点的新质源三系。 5. 选出不育性受温度影响小的雄性不育系和配合力强，具有标记性状的恢复系以及比当地推广种增产20%以上的组合。	1977～1978
二、	高产栽培技术及规律研究	杂交水稻试种推广时间不长，高产栽培规律尚未完全掌握，为了充分发挥增产潜力，应根据杂交水稻的特点，进行高产栽培试验，探索高产规律，并根据国家鉴定标准，切实安排落实，继续总结群众大面积高产和大幅度增产的经验。	1. 杂交水稻大面积丰产栽培技术。 2. 双季连作亩产2200斤的高产栽培技术。 3. 一季中稻亩产1500斤的高产栽培技术。 4. 双季早稻或晚稻亩产1300斤的高产栽培技术。 5. 大面积高产和大幅度增产的栽培技术。 6. 结实率、成穗率、穗粒数与播插期、秧苗素质种植密度、底水管理等的关系。	1. 达到国家鉴定指标面积：成片100亩平均亩产1100～1300斤。 2. 提出双季连作面积5亩以上全年亩产2200斤的高产栽培技术措施。 3. 提出一季中稻面积5亩以上亩产1500斤的高产栽培技术措施。 4. 提出双季早稻或晚稻面积5亩以上一季亩产1300斤的高产栽培技术措施。 5. 总结一个县或公社种植面积占50%以上、比当年的常规当家种增产20%以上的经验。 6. 提出提高结实率、成穗率、增多穗粒数的有效栽培技术措施，使高产要体结构中高结实率、有效穗数、穗粒数和粒重四因素相协调。	1977～1978
三、	不育系繁殖和杂交水稻制	繁殖制种由于父母本生育差期不同，花期相遇易受温度、湿度、光照、栽培等因素影响，产量不	1. 繁殖和制种高产技术研究。 2. 总结大面积繁殖制种高产经验	1. 提出制种（面积10亩以上）亩产300斤、繁殖（面积10亩以上）亩产200斤的技术措施。 2. 总结繁殖制种高产单位的经验、大面积连片制种产量达	1977～1978

1977年全国杂交水稻科学研究协作项目表

袁隆平是个无私的人，毫无保留地把育种材料和育种技术分享给来自全国各省区市的科研人员。例如福建协作组的谢华安、江西协作组的颜龙安、广西协作组的张先程等，都得到过袁隆平的帮助，他们后来都成了我国杂交水稻研究领域的专家。

20 世纪 70 年代袁隆平、张先程（左一）等专家观察水稻杂种优势

2008 年朱英国（左）、袁隆平、颜龙安三位院士合影

袁隆平与谢华安在海南田间共商水稻育种的未来

《利用野败选育水稻不育系的进展》手稿

1973 年 10 月，袁隆平代表湖南省水稻雄性不育系研究协作组正式宣布籼型杂交水稻"三系"配套成功。这标志着我国水稻杂种优势利用研究取得了重大突破！回顾那些"追赶太阳"的奔波，袁隆平说："虽然辛苦，但是有一条，我觉得乐在其中。为什么乐在其中呢？我觉得很有意义，很有希望，因此，心里面还是很乐观的。"

1972年，全国育成首批野败型不育系（A）及其保持系（B）。湖南袁隆平、周坤炉分别育出了二九南1号A、B和V20A、B，江西颜龙安等育成二九矮4号A、B，福建杨聚宝育成V41A、B，等等。

珍汕 97B

珍汕 97A

V20A

V20B

盆栽"南优2号"

1974年，袁隆平用二九南1号A与恢复系IR24（国际24号）配组，育成了"南优2号"，成为中国第一个大面积生产应用的强优势组合。南优2号在同等条件下，一般每亩增产50—100公斤，比当地优良品种增产20%。

1975年冬全国各地组织队伍下海南大规模制种

1975年10月，中国农林科学院在长沙召开杂交水稻鉴定会。会议认为，杂交稻具有一般品种所没有的优良特性，表现为分蘖力强，根系发达，生理机能旺盛，茎秆粗壮，穗大粒多，适应性强，具有产量高、省工省种、抗风抗倒等优点。这意味着产量超过父本、母本和对照品种的"三超"杂交稻已成为现实，杂交稻大面积生产应用的时机已经成熟。

1976年全国开始大面积推广杂交水稻

袁隆平总结制种研究与试种栽培经验，写出《杂交水稻制种和
高产的关键技术》一文，发表在《遗传与育种》杂志 1977 年
第 1 期上。

"籼型杂交水稻"获国家技术发明特等奖

　　1981 年 5 月，正在菲律宾国际水稻研究所进行合作研究的袁隆平接到一份加急电报，让他第二天赶到北京。他心中一惊，不知出了什么事。忐忑不安地赶到北京以后，他才得知，国家科委决定授予"籼型杂交水稻"国家技术发明特等奖。这是新中国成立以来第一项特等发明奖！

第三章

稻菽千重浪

要热爱祖国，热爱人民，这个是基本前提。如果对民族、对国家、对社会、对人民没有感情，就很难成就一番事业。有了感情，才会为社会做一些事情、献一份爱心，这样你才会有欣慰感。

1984年6月15日，湖南杂交水稻研究中心成立，袁隆平出任中心主任。他说："这表明了组织上对我的信任，同时我也感到了肩负着一份重大的责任。长期以来，我只负责具体技术工作，从未挑过这么重的担子。"

湖南杂交水稻研究中心还在海南三亚开辟了南繁基地。这片温暖的土地一年四季都能生长作物，得天独厚的光热条件使在内地三年的育种工作，在这里只需要一年就能完成，育种周期大大缩短。农业科研人员把南繁基地称为"育种的天堂"。

海南三亚南繁基地

袁隆平说："与大地贴得更近，看天空才会更远。"

1995年，以湖南杂交水稻研究中心为依托，国家杂交水稻工程技术研究中心正式成立，中国杂交水稻研究步入了一个新的发展时期。

1986 年 2 月，由袁隆平担任主编的专业技术刊物《杂交水稻》正式创刊。这是迄今杂交水稻研究领域唯一对国内外公开发行的专业技术刊物，在国外已发行到美国、印度、越南等 10 多个国家和地区。

1986年，袁隆平提出了杂交水稻的育种战略，育种方法由三系法向两系法再到一系法过渡。他把自己的研究思路和推断写成论文《杂交水稻的育种战略设想》，发表在《杂交水稻》1987年第1期上。

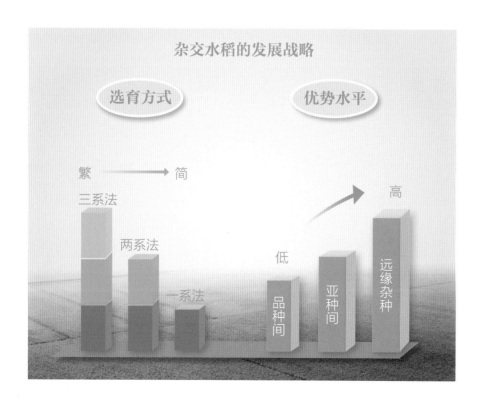

1986 年 10 月，首届杂交水稻国际学术讨论会在长沙召开。袁隆平说："这是杂交水稻面向世界，促进人类和平幸福事业的一次学术经验交流大会。"

袁隆平作《杂交水稻研究和发展现状》专题学术报告

袁隆平能说一口流利的英语，能够在国际会议上作英语主题演讲。被问到如何学英语，他简单爽快地说："要 speak English everyday，everytime，everywhere（随时随地说英语）！"

袁隆平在试验田边，用英语给各国同行讲解杂交水稻

两系法
杂交水稻
研究论文集

Current Status of
Two Line Hybrid Rice Research

袁隆平　主编

农业出版社

首届学术讨论会是杂交水稻驹向苍苍，促进人类和平幸福于世的一次学术经验交流大会。现将大会论文汇编成册，供广大杂交水稻科研、生产、教学和管理工作者参致，当在推进杂交水稻事业的进一步发展。

袁隆平

前　言

从六十年代初期袁隆平同志开始从事水稻的杂种优势研究到现在，已过去了二十余度春秋。而今天，杂交水稻正以其强大的优势和蓬勃的生机，在中华大地迅速地推广开去，亦逐步走向世界。杂交水稻的研究成就，以袁隆平同志为代表的一大批中国科学工作者为之付出了巨大努力，这一伟大成就，为解决中国以及世界的粮食问题作出了不可磨灭的贡献。

为了对杂交水稻过去二十多年的历史进行认真回顾和全面的总结，确定今后研究的方向，由湖南省科学技术协会、湖南杂交水稻研究中心、国际水稻研究所联合筹办的首届杂交水稻国际学术讨论会，于1986年10月在长沙隆重举行，31个国家和地区的258名专家、学者出席了会议，就杂交水稻的发展这一促进人类和平幸福的事业共同进行了深入的探讨，这次盛会将作为一座重要的里程碑将载入杂交水稻的研究发展史册。

本届会议共采纳了国内外学术论文104篇，我们将会议全部论文编整理成《杂交水稻国际学术讨论会论文集》。该论文集，汇集了杂交水稻三系选育、繁殖制种、优势预测、生理生化、抗性、米质、高产栽培技术、化学杀雄以及杂交水稻的经济效益诸领域多年研究之青华，是一部具有理论和实践价值的重要文献，内容丰富全面，论述透彻国际，广泛适合于杂交水稻科研、生产、教学、培训和管理人员阅读参考，也是图书和情报资料部门应藏书籍。

本论文集本次在会议之后立即出版，但由于种种原因，直到1988年才编辑出版，谨向作者和读者表示歉意；在审查、翻译和编辑过程中，由于涉及面广，工作量大，以及编辑人力和水平有限，难免出现各种疏漏和差错，敬请广大读者不惜指正。

编　者
一九八八年四月九日

1988 年袁隆平在 863 年会上作报告

1987 年，两系法杂交水稻育种研究被列为国家高技术研究发展计划（简称 863 计划）项目，袁隆平担任 1-01-101 专题责任专家，主持全国 16 个单位协作攻关。

1988 年袁隆平指导"安农 S-1 光温敏核不育系"研究

袁隆平与罗孝和（左二）等在田间讨论繁殖育种的技术问题

1995 年 8 月 19 日至 22 日，在国家 863 计划两系法杂交中稻现场会上，袁隆平宣布：中国历经 9 年的两系法杂交水稻研究已取得突破性进展，并且配套技术已经成熟，可以逐步在生产上大面积推广应用。

1995 年在怀化举办"国家 863 计划两系法杂交中稻现场会"

1997 年在长沙举办"农作物两系法杂种优势利用国际学术讨论会"

两系亚种间杂交早稻
湘早225

1995年，两系法杂交水稻研究取得成功

1996 年，农业部立项了中国超级稻育种计划。
袁隆平坚定地说："中国人的饭碗要牢牢掌握到
自己手上去，我们要担当起来！"

1997年，袁隆平到江苏农科院观察他们培育的新品种时，被其中一个品种的形态吸引住了。他突然来了灵感，领悟出了超级杂交稻的株型模式。后来，美国《科学》杂志刊登了这个模式。袁隆平说："我奉劝从事科学研究的同志，要及时捕捉和运用在探索中孕育和迸发的灵感，做'有心人'，及时捕捉思想火花，不要让它闪丢了。"

超级杂交水稻标准株型

2000年5月，袁隆平将杂交水稻的父本和母本交给北京华大基因研究中心，正式启动中国水稻基因组计划。这是中国科学史上的又一次革命，是我国生命科学在应用基础研究上的又一重大突破！

袁隆平说："我就是这样的人，就是要挑战自己，能有更多的突破，永远不会停下前进的脚步。"他提出运用超级杂交稻的技术成果，用3亩地产出4亩地粮食的"种三产四"丰产工程。2011年，湖南"种三产四"丰产工程新增稻谷逾10亿公斤。

在新一轮的探索中，袁隆平对育种有了更加清醒的认识：必须利用包括分子育种在内的高技术，落实到优良的形态和强大的杂种优势上，才能获得良好的效果。作物育种更高层次的发展，依赖于现代生物技术的进步。

分子育种实验室

袁隆平说："分子育种是今后的发展方向和必然趋势，要进一步提高水稻产量，就要借助于分子技术。常规育种技术与分子技术相结合，如虎添翼。"

为保持我国杂交水稻基础理论与应用研究的持续领先地位，提升国际竞争力，2011年10月科技部正式批准建设杂交水稻国家重点实验室。袁隆平领衔的实验室研究团队，瞄准杂交水稻学科前沿发展趋势，致力于支撑水稻持续增产，保障国家粮食安全。袁隆平说："我的梦想就是高产、高产，再高产。"

袁隆平成功的秘诀是知识、汗水、灵感、机遇。2012年，袁隆平率领科研团队向第四期超级杂交稻发起攻关，目标：平均亩产一千公斤！袁隆平说："农业稳，则天下稳；农业兴，则百业兴。现在生活条件好了，我们也要从吃得饱，转为吃得好，这也是我们的一个发展方向。"

在不断冲击"超级稻"极限高产的同时，袁隆平还一直关注着另一粒有可能改变世界的种子——海水稻。袁隆平说："我们全国的盐碱地有十几亿亩，我们如果能发展到一亿亩种上我们这个海水稻，亩产三百公斤，它增产的粮食就是三百亿公斤。三百亿公斤是个什么概念呢？相当于湖南省全年粮食总产量，可以多养活八千万人口。"

年届九十高龄的袁隆平说自己是个"90后",依然奔波在稻田里,他说:"我像对待自己的孩子一样对待它们。"

面向未来，袁隆平充满希望，他说："一旦有好的苗头，有好的新品种出来，就算工作再辛苦一点，心里面也感到很快活。搞出来一个好东西时，心理上的那种欣慰、快乐，是很难用言语形容的，真的是其乐无穷。科学上有新发现，技术上有新发明，这是科技工作者人生很大的一种快乐。"

第四章

飞越太平洋

我毕生追求的就是让所有人远离饥饿。

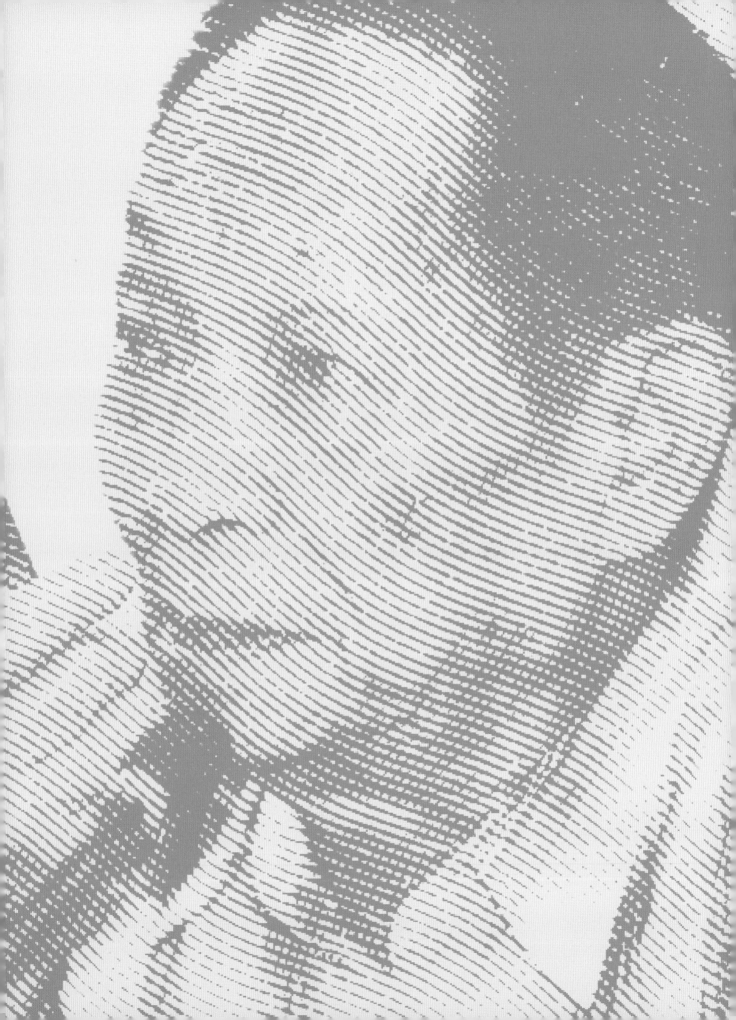

科学无国界，袁隆平很乐意向其他国家传授杂交水稻育种技术，也愿意把自己的研究材料赠送给他们。他说："有人说我是洞庭湖的老麻雀，但我更愿意做太平洋上的海鸥，让杂交水稻技术越过重洋。"

袁隆平在"发展中国家杂交水稻技术国际培训班"授课

20 世纪 90 年代初，袁隆平被联合国粮农组织聘请为首席顾问，帮助其他国家发展杂交水稻技术。

杂交水稻在美国

1980 年美国报纸报道袁隆平

杂交水稻在印度

越南由于多年大面积推广杂交水稻，粮食大幅增产，由原来的粮食短缺国一跃成仅次于泰国的世界第二大稻米出口国。

杂交水稻在越南

杂交水稻在马来西亚

2012 年 1 月 31 日，马来西亚首相马哈蒂尔为袁隆平颁发"马哈蒂尔科学奖"。这是马哈蒂尔科学奖基金会首次将该奖项颁发给中国科学家，颁奖理由是：以独创性思维和胆识，在水稻这一热带主要作物的育种中冲破经典理论束缚，使杂交水稻这一创新性成果带来全球水稻生产及可持续性革命化的发展。

袁隆平获马来西亚 2011 年度"马哈蒂尔科学奖"

杂交水稻在委内瑞拉

2003 年，袁隆平去菲律宾，他们已经在大面积种植杂交水稻了。袁隆平问一个农民："这个稻把子重不重？"他说："很重！"袁隆平又问他："你高兴不高兴？"他说："很高兴！"在英文中，"重"与"高兴"发音很相近，一个是 heavy，一个是 happy。他就说："Very heavy（很重）！Very happy（很开心）！"

袁隆平与一位菲律宾农民合影

袁隆平携夫人邓则考察菲律宾杂交水稻发展情况（左为杂交水稻育种专家张昭东）

美国著名农业经济学家唐·帕尔伯格这样称赞袁隆平，他说："袁（隆平）正引导我们走向一个丰衣足食的世界……他增产的粮食实质上降低了人口增长率。他在农业科学的成就击败了饥饿的威胁。他把西方国家抛到了后面，成为世界上第一个成功地利用了水稻杂种优势的伟大科学家。"

袁隆平领取 2004 年度"世界粮食奖"

几十年间，袁隆平穿经越纬，播撒种子，让世界上
越来越多的土地长出中国的杂交水稻，也吸引越来
越多的专家、政要来到中国访问学习。

袁隆平接待美国农业专家

袁隆平接待国际水稻研究所专家

袁隆平接待莫桑比克总理莫昆比（前排右一）

袁隆平接待泰国公主诗琳通

袁隆平接待印度尼西亚前总统梅加瓦蒂（中）

袁隆平接待老挝总理波松・布帕

袁隆平接待列支敦士登公国国王汉斯·亚当二世公爵

袁隆平接待圣卢西亚前总理肯尼·安东尼（左五）

袁隆平接待塞拉利昂共和国总统欧内斯特·巴伊·科罗马

袁隆平接待安哥拉农业部长阿丰索·坎加（前排左六）

尼日利亚总统古德勒克·乔纳森（中）在北京会见袁隆平

袁隆平接待老挝人民革命党总书记、国家主席朱马里·赛雅颂（左二）

科特迪瓦国民议会议长索罗（前排左四）访问湖南杂交水稻研究中心

菲律宾总统阿罗约（左二）会见袁隆平

袁隆平接待世界粮食奖基金会主任肯尼斯·奎恩

2009年9月11日，袁隆平受邀参加中国杂交水稻技术对外合作部长级论坛。世界粮食计划署中国办公室主任韦安夏在会上高度评价了中国取得的突破："在仅仅一代人的时间里实现粮食安全，中国在这方面提供了宝贵的经验，奇迹是可以发生的。"袁隆平不仅缔造了这个奇迹，还想着要把它带到全世界。

袁隆平和韦安夏（左一）

袁隆平带领会议代表参观杂交水稻试验田

为了更好地推广杂交水稻技术，袁隆平更是亲力亲为，远赴国外讲学，传授技术，无私地分享科研成果，让世界分享丰收喜悦。他说："我希望更多青年从事现代农业。现代农业是高科技的农业，不是过去面朝黄土背朝天的农业。"

1997 年袁隆平为国际杂交水稻培训班学员讲课

袁隆平在第四期杂交水稻国际培训班上授课

袁隆平在非洲国家杂交水稻培训班讲课

袁隆平在发展中国家杂交水稻技术国际培训班授课

袁隆平在联合国粮农组织培训班授课

世界粮食奖基金会这样评价中国杂交水稻："在世界上率先培育成功并广泛种植的杂交水稻在中国引发了一场水稻生产革命，使水稻产量在一个世纪中增加了 2 倍。杂交水稻由此从亚洲、非洲到美洲广泛传播，养活了数以千万计的人口。"

袁隆平在实验室指导国际学员

2008 年援马达加斯加杂交水稻培训班上，袁隆平带异国"徒弟"在田间实习

2008 年袁隆平在杂交水稻高产基地现场给马达加斯加学员授课

2011 年袁隆平与马达加斯加杂交水稻技术培训班第二批学员留影

袁隆平在第五届国际杂交水稻学术研讨会上

袁隆平在第十一届国际种子科学大会上

袁隆平参加第二届隆平论坛

袁隆平给杂交水稻国际培训班学员颁发结业证书

袁隆平说："全世界有 1.6 亿公顷的稻田，如果其中一半种上杂交稻，每公顷增产 2 吨，每年增产的粮食可以多养活 5 亿人口。要让我们的杂交稻走出国门，为全世界解决粮食短缺问题做贡献。"

终 章

把功勋写在大地

把功勋写在大地

1929——2021

2021 年 5 月 22 日，长沙气温 23℃，这是适宜水稻生长的温度。13 时 07 分，袁隆平在长沙与世长辞，享年 91 岁。光明网发悼文："偶像就是榜样，榜样即为力量。袁隆平的名字，将永远镌刻在中国农业现代化的丰碑上。"袁隆平是真正的耕耘者，他早已把功勋写在大地！